L'Art
de la
Composition Florale

L'ART DE LA COMPOSITION FLORALE

JANE NEWDICK
Photographies de Di Lewis

SOLAR

Titre original de cet ouvrage :
A CASCADE OF FLOWERS

Traduction-adaptation française :
Guy Régnier

Photographies : Di Lewis
Dessins : Vana Haggerty

ISBN : 2-263-01748-8
N° d'éditeur : 1878
Dépôt légal : septembre 1991

Photocomposition : Eurocomposition, Sèvres
Imprimé à Singapour

Sommaire

INTRODUCTION

Jamais la décoration florale n'a été aussi populaire qu'elle l'est aujourd'hui. On assiste à un regain d'intérêt pour les plantes et les jardins, et les fleuristes offrent une diversité toujours croissante d'espèces. Comme le prouve cet ouvrage, il n'y a pas de règles mystérieuses dans la nouvelle manière naturelle de disposer les fleurs ; on peut parvenir à un effet des plus heureux avec un minimum de savoir-faire. Une fois les quelques techniques de base maîtrisées, il suffit d'avoir le sens de la couleur et de la texture, et, bien entendu, d'aimer les fleurs.

Les nombreuses suggestions proposées dans les chapitres suivants vous aideront à prendre plaisir à cette occupation qui va de la confection d'une gerbe de mariée et de la décoration des tables aux compositions pour cheminées et appuis de fenêtres. Les créations sont riches sans être surchargées, colorées sans être criardes et toutes conviendraient aussi bien à l'appartement qu'à la maison de campagne. Le chapitre pratique fournit des conseils pour l'entretien des fleurs ; on y trouvera un tableau présentant les principales caractéristiques de plus de cent fleurs couramment utilisées dans la réalisation de bouquets. Alors, rassemblez une belle brassée de fleurs et de feuillages, prévoyez un emplacement pour votre composition et créez votre propre cascade de fleurs !

Cette somptueuse composition florale de début d'été s'inspire d'un tableau du passé. Les fleurs coupées ont été placées dans un vase en forme d'urne, de facture classique.

CHAPITRE PREMIER

BOUQUETS VARIÉS

Un bouquet est un présent idéal. Il peut être modeste, réalisé avec des fleurs du jardin, ou être un assortiment soigné de beaux spécimens aux couleurs subtiles, ou encore prendre la forme d'une luxueuse composition enrubannée, digne d'une soirée de première. Un bouquet de fleurs en dit souvent plus long que des mots.

Pour être réussi, un bouquet doit toujours être bien fourni, marier de nombreux feuillages et fleurs, et, autant que possible, d'agréables parfums. On peut lui donner une touche particulière en y ajoutant un nœud ou des rubans, qui dissimuleront le fil de fer ou l'élastique servant à maintenir les tiges.

Le style des bouquets a changé depuis une dizaine d'années, la tendance actuelle étant au mélange harmonieux de fleurs donnant l'impression d'une création spontanée. D'une façon générale, ce genre de composition se fait sans l'aide d'accessoires, chaque fleur contribuant à la forme voulue. Les petits bouquets de style XIXe siècle sont toujours très en vogue et faciles à réaliser à partir de fleurs cueillies au jardin ou achetées chez le fleuriste. Un entourage de feuilles décoratives ou une collerette de dentelle, de papier ou de tulle serviront à parfaire l'ensemble.

Un petit cadeau accompagné de fleurs prendra une allure exceptionnelle. Ici, les teintes douces du papier cadeau rappellent celles du bouquet.

TEXTE PAGE 22

Ces petits bouquets de fleurs odorantes feront des cadeaux irrésistibles. La gamme de coloris et les combinaisons possibles sont pratiquement illimitées. La plupart des jardins fourniront les fleurs appropriées.

TEXTE PAGE 22

Dans ce bouquet aux retombées élégantes, les roses et les bleus les plus pâles s'associent pour mettre en valeur les magnifiques roses anciennes.

TEXTE PAGE 22

Ce bouquet romantique est composé de roses blanches groupées sans être serrées. Ces fleurs pâles apportent un complément parfait à la robe de mariée, très travaillée.

TEXTE PAGE 22

On a utilisé diverses nuances de rose dans ces bouquets destinés à une mariée et à ses demoiselles d'honneur. En dessous se trouve une corbeille de pétales de fleurs fraîchement cueillies.

TEXTE PAGE 23

De grands lis blancs à corolle tubulaire conviennent à une mariée d'aujourd'hui. Ils sentent délicieusement bon et sont simples de forme et de texture.

TEXTE PAGE 23

Les fleurs sont en toute occasion les plus beaux cadeaux. Que vous les offriez en énormes gerbes ou simplement en petits bouquets cueillis au jardin, leur effet sera toujours heureux.

Récemment, on s'est un peu éloigné de la gerbe formelle et sans relief, emballée dans de la cellophane, impersonnelle et très difficile à disposer. De nombreux fleuristes, en effet, réalisent de belles compositions mixtes dans un entourage en papier — comme pour les petits bouquets —, un nœud à la base apportant la touche finale. Un bouquet de ce genre se met directement dans un vase et garde un aspect naturel.

Si vous offrez un cadeau, agrémentez-le de quelques fleurs aux tons rappelant ceux de l'emballage. Ici, on a assorti les couleurs délicates et tendres d'un bouquet composé d'œillets, de scabieuses, de lisianthus et de panicauts à une boîte recouverte de papier imprimé à fleurs. Pour confectionner un bouquet semblable, mélangez les différentes sortes de fleurs en proportions égales, en laissant les tiges aussi longues que possible, une fois les bouts proprement coupés. Maintenez-les à l'aide d'un élastique que vous recouvrirez d'un joli ruban.

Malgré leur apparition récente, les petits bouquets ont une longue histoire. Au Moyen Age, par exemple, on en confectionnait à l'aide de fleurs sauvages et d'herbes médicinales auxquelles on prêtait des vertus particulières, et ils étaient destinés à écarter les infections et les maladies ou à parfumer l'air des villes et des villages.

Ces petits bouquets peuvent combiner toutes sortes de fleurs et de feuillages ; toutefois, on obtient de meilleurs résultats en sélectionnant quelques teintes qu'en effectuant un mélange fortuit. Il est recommandé de les faire en les tenant dans une main, en commençant par la fleur centrale et en disposant les autres tout autour, au hasard ou en fonction de la couleur et de la forme.

Voici, sur un banc rustique, un choix de petits bouquets élaborés à partir de fleurs de jardin cueillies en début d'été. Les roses prédominent, en raison de leur parfum et de leurs belles têtes, tandis que de modestes plantes comme les bleuets trouvent leur place parmi des roses d'or et des alstrœmères rouges. Les petits bouquets tout blancs ou tout crème paraissent sophistiqués et frais ; néanmoins, un peu de verdure devrait toujours être ajoutée pour le contraste. Une composition réunissant différents tons de rose et de rouge produit un effet inhabituel, de même que le mélange un peu plus audacieux de violet foncé entremêlé de cramoisi et de vert-jaune.

Quoi de plus magnifique qu'un bouquet de roses odorantes cueillies dans un jardin en été ? Ces superbes fleurs aux nombreux pétales et aux tendres coloris dispensent un merveilleux parfum et apportent une touche de romantisme. Elles vous procureront de longues heures de plaisir, si toutefois elles ont été soigneusement coupées et bien entretenues (voir pages 116-117).

Choisissez la forme et la couleur des fleurs d'accompagnement et utilisez des variétés plus petites, qui contrasteront avec les grandes têtes rondes des roses. Des branches de lilas mauve rosé, comme ici, se marient parfaitement avec les véroniques gris-bleu. Quelques géraniums blancs délicatement marbrés et un ou deux œillets étoffent l'ensemble.

Pour faire un bouquet comme celui-ci, commencez par les plus longues tiges. Tout en maintenant les fleurs têtes en bas, sans serrer, ajoutez-en d'autres, une par une, en les déployant plus largement près du sommet. Le but est d'obtenir un aspect grossièrement triangulaire, les plus belles fleurs étant orientées vers l'extérieur. Il est quelquefois plus aisé de travailler à plat, mais en procédant de la même manière. Enfin, fixez les tiges par un élastique ou un fil de fer, un ruban étroit apportant la touche finale.

Un bouquet romantique de roses blanches complète parfaitement cette féerique robe de mariée, au drapé de soie chatoyante, rehaussée d'une fleur en tissu et d'un collier de petites perles. Les roses aux pétales denses de la variété 'Iceberg' utilisées ici sont d'un blanc pur et portées par de longues tiges raides. De fines branches de feuilles de clématite se courbent naturellement jusqu'à terre et servent de contrepoint aux fleurs.

Pour confectionner un bouquet de ce genre, il vaut mieux monter les fleurs sur un fil de fer pour qu'elles soient plus maniables et plus faciles à disposer. On introduit le fil au bout de chaque tige; on dissimule ensuite le raccord et le support à l'aide d'un ruban adhésif spécial qui maintiendra également la fleur fraîche. Les tiges du feuillage doivent aussi être collées aux extrémités avec de l'adhésif, afin que la composition repose sur une base solide. Il est préférable de monter ainsi toutes les fleurs avant de commencer le bouquet, et de les vaporiser légèrement d'eau. Quand tous les éléments sont assemblés, les tiges sont réunies par du fil de fer enveloppé de ruban adhésif et plié en forme de poignée. La confection de ce bouquet doit être effectuée juste avant la cérémonie de mariage ; ainsi, les fleurs resteront fraîches pendant quelques heures.

Le bouquet de fleurs revient en force dans les mariages, et les préférences se portent de plus en plus sur les couleurs tranchées, plutôt que sur les blancs ou les crème, plus traditionnels. Les fleurs de la mariée doivent être plus remarquables que celles de ses demoiselles d'honneur, cela va de soi ; ces dernières, si elles sont très jeunes, porteront un bouquet proportionnel à leur taille.

Ici, le plus petit bouquet est fait de fleurs disposées en cercles concentriques. Le centre est formé de giroflées d'un blanc pur, entourées d'œillets roses, eux-mêmes bordés d'une collerette de feuilles panachées. Les tiges, fermement scotchées pour conserver la fraîcheur des fleurs, sont entourées d'un ruban permettant une préhension plus aisée.

Le plus grand bouquet, destiné à une demoiselle d'honneur adulte, est une combinaison de fleurs des champs et d'éléments plus classiques : une poignée de gypsophiles et de saxifrages rose pâle sert de support aux roses, aux lis roses odorants et aux œillets. Les tiges sont scotchées et les fleurs pendent avec élégance. On aurait pu monter chaque fleur sur du fil de fer pour obtenir un effet plus ordonné et plus ferme ; c'est ce qui a été fait pour le bouquet de la mariée, qui comprend des branches d'orchidées blanches, des lis roses, des giroflées d'un blanc pur et des pois de senteur roses et blancs.

L'aspect ordonné du *Lilium longiflorum* et son parfum capiteux en font la fleur idéale pour un bouquet de mariée. Les étamines jaune d'or et le soupçon de vert acide à la base de la trompe contrastent avec la texture cireuse et blanche des pétales, et font écho aux boules-de-neiges *(Viburnum opulus)*. Ces dernières sont superbes encore vertes, avant de s'épanouir en sphères blanches beaucoup plus grandes.

Les tiges ont été ici dépouillées de leurs feuilles ; elles n'ont pas été maintenues individuellement par du fil de fer, mais celui-ci entoure solidement la base du bouquet, recouvert d'une bande de feuilles fraîches d'iris. Cette composition florale est destinée à être posée sur un bras, tandis que la main opposée en soutient l'extrémité.

Le bouquet plus petit de la demoiselle d'honneur utilise les mêmes fleurs de *Viburnum opulus*, mais cette fois avec des arums jaune crème, des freesias odorants crème foncé et des feuilles gris-vert aux reflets blanchâtres. Ce bouquet tout simple a été composé en mettant les tiges une à une dans la main, en respectant un certain sens, et en les courbant légèrement pour déployer les fleurs au sommet. Quand toutes les fleurs sont en place, on fixe l'ensemble et l'on décore d'un ruban.

CHAPITRE DEUX

CIRCONSTANCES PARTICULIÈRES

L'occasion d'utiliser les plantes d'une manière inhabituelle peut être un anniversaire fêté dans l'intimité comme une grande réception. Quelle que soit l'importance de l'événement, les fleurs sont essentielles. Sans elles, un mariage serait chose étrange et aucune fête ne saurait être complète sans fleurs dans la maison ou sur le buffet. Les compositions florales n'ont pas besoin d'être élaborées ni extravagantes pour être réussies ; ce sont souvent les idées les plus simples qui donnent les meilleurs résultats. Le choix de la couleur dominante est important. Il peut se faire en fonction du lieu, des plats, ou, dans le cas d'un mariage, de la robe de mariée. La saison et les fleurs disponibles sont déterminantes également ; il est par ailleurs conseillé d'utiliser au moins quelques fleurs du jardin quand cela est possible, afin de donner aux compositions florales un cachet personnel. Dans ce chapitre, on trouvera des suggestions pour les mariages, les fêtes de toute saison et de tout genre, depuis la réception protocolaire jusqu'aux fêtes de fin d'année, qui privilégient les fleurs séchées et les variations sur l'or et l'argent.

En utilisant de la mousse de fleuriste plutôt qu'un vase ou un autre contenant, on peut remplir généreusement de fleurs de nombreux emplacements, comme les rebords de fenêtres.

TEXTE PAGE 38

Le mélange saisissant
de rouge et de rose
de cette composition
est idéal à la fin
de l'été ou au début
de l'automne, lorsque
l'intensité
des couleurs atteint
son apogée.

TEXTE PAGE 38

La cheminée sera un cadre idéal pour une composition de fleurs odorantes réunissant des lis coupés et d'autres dans des pots en terre cuite.

TEXTE PAGE 38

Une cotonnade fleurie dans différents tons pastel sert de décor à ce doux mélange de bleu, de mauve et de rose.

TEXTE PAGE 39

Des fleurs disposées sur le rebord d'une cheminée produisent beaucoup d'effet en créant un contraste entre le classicisme du support et le naturel de la composition rose foncé et rouge.

TEXTE PAGE 39

Une façon originale d'accueillir vos invités : une étonnante composition suspendue au-dessus de la porte ou du porche. Cette décoration spectaculaire est, contrairement aux apparences, facile et rapide à réaliser.

TEXTE PAGE 39

Il n'est pas obligatoire de mettre vos compositions florales dans un vase ou dans un contenant quelconque. En utilisant uniquement de la mousse de fleuriste, il devient possible d'habiller de fleurs de nombreux endroits de la maison. On peut ainsi remplir un espace ne convenant pas à un vase à pied, tandis qu'une surface aussi étroite qu'un rebord de fenêtre peut devenir le point de mire d'une pièce décorée pour une circonstance particulière.

Ici, un mélange étonnant de teintes estivales, où dominent l'orange lumineux, le jaune soutenu et le mauve, crée un lien subtil entre les tons de la pièce et ceux de l'arrière-plan. Les fleurs mauves ou bleues sont toujours belles, mais elles ont besoin d'être contrastées avec du jaune ou, tout simplement, beaucoup de blanc ou de vert, afin d'être mises en valeur. Sous une lumière opalescente, le bleu peut complètement disparaître.

Cette composition marie des agapanthes, des *Brodiaea*, des scabieuses et des statices frais. Les têtes de chardon globuleuses de la boule azurée donnent forme à la composition, de même que les fleurs jaune vif de la centaurée. Les achillées et les solidagos citron ajoutent davantage de jaune, tandis que les alchémilles vert-jaune étoffent l'ensemble. Quant aux taches orange vif qui relèvent le tout, elles sont le fait du safran bâtard. Toutes ces fleurs ont été assemblées dans une mousse humide qui a été fixée à un plateau protecteur avec du ruban adhésif.

Pour produire un effet plus saisissant, les fleurs peuvent être placées face à un miroir ou à toute autre surface réfléchissante. Ici, un mélange de rouge et de rose compose un bouquet ondoyant pour un cadre raffiné ou un salon de réception. Cette combinaison de couleurs vives est parfaite pour la fin de l'été ou le début de l'automne, quand les teintes atteignent leur plus haut degré d'intensité.

L'alliance de tons chauds comme le rouge, le rose vif et l'orange n'est pas aussi hardie qu'on pourrait le supposer. Commencez par les roses et les rouges, puis ajoutez les mauves pour adoucir l'ensemble.

Dans cette composition, les pavots et les pieds-d'alouette se marient bien avec les œillets, les géraniums, les roses et les mauves. Le simple récipient en verre a été rempli de mousse recouverte d'un petit morceau de grillage pour maintenir les lourdes tiges en place. Quelques-unes des fleurs inférieures ont été placées de telle façon qu'elles accentuent le mouvement de retombée vers l'avant, amplifié par les éléments aux tiges plus longues et les entrelacs de feuillage. Le contenant a été placé près du bord de la table pour laisser dépasser quelques fleurs et adoucir l'angle de la surface horizontale. Pour une composition comme celle-ci, essayez de travailler *in situ*, à la hauteur où seront vues les fleurs.

Beaucoup de lis s'accommodent de pousser dehors dans des pots et de passer une semaine à l'intérieur de la maison pendant qu'ils sont en fleur. L'une des meilleures variétés de lis pour la culture en pot est le *Lilium regale*, au parfum agréable, aux fleurs blanches en cornet et aux étamines roses ou or. La variété 'Pink Beauty' est une autre option judicieuse, mais elle dégage peu ou pas de parfum ; quelle que soit l'espèce choisie, elle doit être plantée au printemps ou en automne, pour fleurir l'été suivant.

Ici, on a regroupé des pots de lis autour d'une cheminée dont l'intérieur a été rempli d'un assortiment de fleurs d'été assez pâles que le fond sombre fait ressortir. Une corbeille large mais peu profonde, avec de la mousse pour tenir les tiges, est un support idéal pour ce genre de composition. Ici, on a choisi des lis dans des tons de crème et de pêche, des alstrœmères couleur corail et de longs épis de glaïeuls miniatures blanc et rose. Les petites fleurs blanches étoilées qui parsèment cet ensemble imposant et lui donnent une certaine légèreté sont un genre d'aster.

Dans une situation comme celle-ci, il est plus facile et plus efficace d'arranger les fleurs *in situ* que de les amener déjà disposées et d'essayer ensuite de les intégrer dans le cadre.

Le mélange de différentes teintes peut poser problème : une bonne méthode consiste à harmoniser la composition avec un tissu ou une porcelaine. Ici, une cotonnade fleurie donne le thème d'une douce alliance de bleus, de mauves et de roses, auxquels on a ajouté du vert soutenu pour contraster. La composition utilise tout l'éventail de fleurs disponibles pendant les mois d'été, depuis les têtes de chardon globuleuses de la boule azurée, dressées, jusqu'aux clématites 'Perle d'azur' mauves, aux grandes fleurs vives et caractéristiques. Des grappes de roses rose pâle font pendant au tissu. Quelques délicats pavots hybrides contribuent à la forme retombante, tandis que des pâquerettes étoilées et des panicauts bleu acier étoffent l'ensemble, parmi les bleuets plus soutenus, les pieds-d'alouette et les agapanthes.

Pour produire un effet de cascade, on a ajouté des branches d'aucuba, qui dépassent du bord de la table. Le contenant, à peine visible, est un compotier en porcelaine, qui donne de la hauteur. Les fleurs ont été insérées dans une mousse humide bien fixée sur le pourtour intérieur du récipient.

Une cheminée fournit un superbe cadre à une grande composition florale. Elle évite d'encombrer les meubles, et, du fait de sa fréquente position centrale, les fleurs deviennent un point de mire.

On peut utiliser une grande quantité de fleurs, mais la plupart des rebords de cheminées sont étroits et il n'est pas toujours possible d'y mettre un vase. On insère donc les tiges dans des blocs de mousse posés sur des plateaux étanches, eux-mêmes placés sur des morceaux de papier d'aluminium ou de plastique pour protéger le rebord.

Une composition asymétrique tout en longueur convient parfaitement, mais vous pouvez aussi couvrir le rebord de fleurs, en leur donnant un aspect plus ou moins triangulaire. Si la cheminée n'est pas utilisée, les fleurs et le feuillage peuvent retomber pour cacher l'arête dure du rebord.

Ce bouquet comprend des tulipes perroquets, des rhododendrons rose foncé, de longues branches arquées de weigelia, des pieds-d'alouette, des pois de senteur mauves et des ancolies dans des tons rouge-violet. Les feuilles brun rougeâtre foncé du hêtre forment un arrière-plan magnifique sur la couleur crème du mur.

Organiser une réception ou une fête chez soi est une occasion rêvée d'utiliser les plantes d'une manière inhabituelle. Une boule de fleurs suspendue à la porte est originale et accueillante, sans être trop difficile à réaliser.

Donnez à quelques morceaux de mousse humide une forme sphérique et enveloppez-les d'un bout de grillage dont vous relierez solidement les extrémités, sans oublier de prévoir une longue boucle de fil de fer pour pouvoir accrocher la boule. Introduisez les éléments sélectionnés dans la mousse, par groupes compacts, en commençant par le feuillage et les fleurs de remplissage, puis ajoutez les tiges isolées et les fleurs les plus importantes.

Au préalable, toutes les tiges auront été coupées à une même longueur. Cela vous permettra de vous assurer que la boule, une fois achevée, sera bien ronde.

Ici, le jaune et le blanc se combinent élégamment, avec la gypsophile, l'alstrœmère jaune crème et l'ancolie d'un blanc pur, utilisés comme éléments de remplissage. Des roses jaunes et des lis ajoutent de la couleur et une touche sophistiquée, tandis que l'eucalyptus aux étroites feuilles vert-gris met en valeur les fraîches teintes printanières. Vous pouvez ajouter des rubans pour la finition — bien qu'ils n'aient pas été employés ici —, afin de donner un air de fête à la composition.

Voici une fraîche combinaison de feuillage et de fleurs de début d'été, dont les tons dominants sont des jaunes, des mauves et des bleus vifs. Le panier a été placé sur un piédestal.

TEXTE PAGE 52

Des fleurs blanches ont été utilisées dans cette longue composition destinée à décorer l'arrière-plan de l'autel pour la célébration d'un mariage de campagne au printemps.

TEXTE PAGE 52

GOD IN THE HIGHEST

Dans cette décoration romantique, les bougies se marient à merveille avec les fleurs aux chaudes couleurs de corail.

TEXTE PAGE 52

Des guirlandes de lierre enlacées d'un cordon avec des boules composent la majeure partie de cette décoration de Noël. Le contraste est marqué par des lis blancs à corolle tubulaire.

TEXTE PAGE 53

Des têtes d'hortensia séchées, mises en relief par un peu de peinture, sont les éléments dominants de cette somptueuse décoration de Noël.

TEXTE PAGE 53

Le lis possède une grâce et une élégance naturelles qui en font une fleur facile à disposer. Ce vase classique contient un riche mélange de lis 'Stargazer' rose foncé et de nérine rose vif.

TEXTE PAGE 53

CHAPITRE TROIS

BOUQUETS DU PASSÉ

Les idées que l'on se fait sur la façon d'utiliser et d'arranger les fleurs dans le passé reposent sur les peintures de l'époque. Ce dont nous sommes sûrs, c'est que les gens, comme aujourd'hui, ont toujours eu des fleurs chez eux, qu'il s'agisse de compositions élaborées ou d'un petit pot, sur le rebord de la fenêtre, contenant un bulbe à fleur ou une plante de jardin.

De tout temps, les fleurs ont inspiré l'art, les motifs des tissus, les céramiques, la mode, la décoration intérieure et, bien sûr, la peinture. Les Romains, par exemple, aimaient et admiraient particulièrement la rose. Les fleurs tissent un lien à travers les âges, et si l'on n'est pas toujours certain de leur apparence à une période donnée, il est intéressant de supposer l'emploi qu'elles avaient, et de s'en inspirer pour créer une composition.

Du panier plein de fleurs des champs évoquant une illustration du Moyen Age jusqu'au vase des années trente rempli d'espèces en vogue à cette époque, les pages suivantes fourmillent d'idées qui inspireront l'amateur de fleurs le plus exigeant. Point n'est besoin de vivre dans une maison du XVIIIe siècle pour créer une composition dans le style de la peinture hollandaise, ni dans un appartement moderne pour assortir des couleurs actuelles : aujourd'hui, comme dans les années soixante ou soixante-dix, tout est possible.

La simplicité des fleurs du passé est bien rendue dans cette combinaison de fleurs et de feuillages. Elles ont été ramassées sur le bord de la route ou cueillies dans un jardin, puis disposées dans un panier rustique.

TEXTE PAGE 68

Les magnifiques peintures de fleurs des XVIIe et XVIIIe siècles sont une excellente source d'inspiration pour les décorateurs d'aujourd'hui.

TEXTE PAGE 68

Au XVIIIe siècle, on adorait les roses, qui s'harmonisaient bien avec les intérieurs cossus. Ici, un panier débordant de fleurs lourdes a été placé sur la coiffeuse d'une chambre.

TEXTE PAGE 68

Sur fond de glycine, ce vase caractéristique des années trente abonde en fleurs du jardin ; le mauve, coloris favori de cette époque, a été généreusement utilisé.

TEXTE PAGE 69

Ce somptueux
et audacieux mélange
de fleurs et de teintes
— iris violets et
renoncules aux reflets
chatoyants — a été
placé dans un vase
sculptural et simple.

TEXTE PAGE 69

Un mariage surprenant de fleurs jaunes, rouges et roses, dans un vase en verre blanc, inonde de couleurs ce coin de fenêtre.

TEXTE PAGE 69

Cette corbeille rustique évoque une époque où les fleurs étaient cueillies dans les champs, les haies et les jardins. Au Moyen Age, les plantes et les herbes médicinales avaient une grande importance dans la vie quotidienne, car elles servaient de nourriture et de remède. Chacun connaissait alors en détail les plantes locales, leurs propriétés et leurs emplois. Les fleurs étaient en revanche moins prisées pour leurs qualités esthétiques qu'elles ne le sont aujourd'hui. On vivait dans un monde où tous, à l'exception des nantis, passaient leur journée au champ et au jardin pour gagner leur vie. Toutefois, même la maîtresse de maison très occupée appréciait parfois les fleurs pour le seul plaisir des yeux, et prenait le temps de réaliser des compositions dans des jarres ou des paniers qu'elle plaçait sur une table ou sur le rebord d'une fenêtre.

Les fleurs cultivées dans les jardins n'étaient que de modestes variétés d'espèces sauvages, sans fertilisation ni croisement. Ainsi, elles devaient posséder la simplicité et le naturel aujourd'hui oubliés. Voici un vieux panier de jardinier en bois, évocation du passé, rempli d'un mélange de plantes cueillies dans le jardin et sur le bord de la route. Il comprend notamment du chèvrefeuille, de l'ancolie, des géraniums, des boutons-d'or, de la gypsophile et du sceau-de-Salomon.

Les peintures de fleurs magnifiquement détaillées des XVIIe et XVIIIe siècles, émanant d'artistes tel Jan Van Huysum, étaient de véritables illustrations botaniques. Conçus comme des décorations florales et accrochés dans les plus somptueuses demeures, ces tableaux étaient généralement peu réalistes, dans la mesure où ils représentaient des fleurs s'épanouissant en des saisons différentes dans un même vase. Néanmoins, ou peut-être à cause de cela, l'effet était irrésistible.

Pour créer votre propre chef-d'œuvre d'inspiration hollandaise, préférez une époque de l'année où il y a abondance de fleurs différentes, par exemple en début d'été. Choisissez des fleurs à longues tiges droites, en évitant les variétés buissonnantes ou à plusieurs tiges, qui rendraient la composition trop désordonnée. Sélectionnez des fleurs écloses et mariez les teintes avec hardiesse. Vous aurez besoin d'un contenant classique, comme ce vase noir en forme d'urne, ou peut-être d'un panier bas garni de mousse. Orientez la composition dans une direction donnée, et placez-la si possible contre un arrière-plan foncé, pour faire ressortir les formes et les couleurs.

Devant ce bouquet qui comprend des pieds-d'alouette, des coquelicots, des bleuets, des roses, des digitales, des pivoines, des hémérocalles (lis jaunes), des achillées, des scabieuses et des nigelles, on a placé quelques fruits pour accentuer l'effet de nature morte.

Au XIXe siècle, la plupart des gens adoraient les fleurs. Ils s'en inspiraient dans la peinture et la poésie, et en parlaient savamment ; ils les semaient sur les tissus et la dentelle en dessins extrêmement détaillés, et en décoraient à profusion robes et chapeaux.

Les jardins comportaient des plates-bandes de fleurs bien agencées, rangée après rangée, tandis que les serres regorgeaient de plantes exotiques du monde entier. La rose était la favorite de l'époque, et de nouvelles variétés étaient assidûment cultivées dans les grandes pépinières d'alors.

Ici, on a rempli d'un mélange de roses anciennes un panier rustique qu'on a placé sur un napperon de dentelle, parmi des colliers éparpillés sur une coiffeuse. Un ruban de velours a été enroulé autour de l'anse, dans le style du XIXe siècle. Pour obtenir une composition semblable, tapissez soigneusement un panier pour le rendre étanche et bourrez-le de mousse humide. Préparez toutes les roses et mettez-les un bon moment dans de l'eau avant de les insérer, afin de prolonger leur beauté. Utilisez des tiges à fleur unique de *Polyanta floribunda* et quelques variétés de branchage pour contraster ; combinez les teintes claires et foncées pour réussir une véritable composition à la mode du XIXe siècle.

Les années trente virent de grands changements dans la façon de concevoir jardins et intérieurs, avec d'une part la naissance du mouvement moderniste et d'autre part une tendance à préférer un aspect naturel et simple. Le formalisme rigide des compositions florales de la Belle Époque fit progressivement place à une souplesse inspirée par des gens comme Constance Spry. Ceux-ci commencèrent à utiliser librement fleurs de jardin et fleurs sauvages, s'éloignant ainsi des décorations très sophistiquées que prisaient les générations précédentes.

Sur fond de glycine, ce vase rempli de fleurs du jardin roses et mauves évoque les années trente et quarante. Ces tons étaient alors très appréciés. Le vase est caractéristique de l'époque, comme les fleurs de début d'été : lilas, delphiniums, iris, ancolies, fleurs de ciboulette, géraniums, pensées et roses 'Constance Spry' et 'Madame Grégoire Staechelin' rose vif.

Dans les années trente, on aurait utilisé du grillage plié en boule ou un pique-fleurs pour fixer le tout, mais, de nos jours, on emploie de la mousse. Remplissez complètement le vase en amenant la mousse humide un peu au-dessus du bord, afin d'y piquer les plus grandes tiges. Donnez à l'ensemble un aspect triangulaire et cachez le contour du vase avec quelques petites fleurs.

Les années cinquante, marquées par dix ans de pénurie et de rationnement, virent une soudaine explosion de couleurs. Après un trop long temps de repli sur soi, on commença à chercher ailleurs une inspiration et des idées nouvelles. Ici, les fleurs suggèrent une certaine insouciance enfin retrouvée.

Les fleurs de cette époque étaient assez tapageuses, les iris, les œillets et les glaïeuls jouissant d'une grande faveur. Les fleuristes n'avaient qu'un choix limité, tandis que les amoureux du jardinage pouvaient, comme auparavant, cultiver ce que bon leur semblait. Les fleurs d'exposition, comme les chrysanthèmes à tête énorme et les dahlias, étaient populaires dans les jardins à la campagne, et les gens n'épargnaient ni leur temps ni leur peine pour cultiver des pois de senteur et des roses susceptibles de leur faire remporter des prix.

Ce mariage audacieux de violet, de bleu, d'orange et de rouge dans un sobre vase vert est typique de cette période, mais il fait autant d'effet aujourd'hui. La renoncule éclatante est toujours en vogue, principalement en raison de ses nuances subtiles et de ses têtes à pétales épais. Ici, on l'a mélangée à des tulipes perroquets aux marbrures exotiques, dont les teintes chaudes sont adoucies par des jacinthes bleues. De minuscules brins de myosotis mettent une touche campagnarde, tandis que l'élégant iris violet donne forme, majesté et hauteur à l'ensemble, ainsi qu'un certain classicisme.

Les années soixante et soixante-dix lancèrent des modes florales diverses, correspondant à la conception de la décoration d'intérieur de l'époque. Des motifs scandinaves sans fioritures au bois de pin brut et à la poterie rustique, des meubles en plexiglas aux tentes de hippies, les deux décennies virent se succéder à peu près tous les styles. Tout, ou presque, était alors envisageable : depuis l'abondance formelle des occasions particulières jusqu'à la simplicité décorative de quelques fleurs rares dans des tubes de chrome.

Les vases en verre devinrent à la mode, et les éprouvettes de laboratoire en verre blanc étaient du dernier chic pour la décoration d'une table de goûter. La couleur était présente partout, et de façon tapageuse, dans les vêtements, le mobilier et les tissus ; les fleurs ne faisaient pas exception.

Ce fut le début d'un style spontané — une composition ne devait pas paraître arrangée — et, pourtant, ce fut aussi l'époque où la mousse commença à prendre le relais. Les cours d'art floral étaient à l'apogée de leur popularité, quoique leur enseignement rappelât davantage les années 1870 que celles de 1970.

Ici, la composition évoque une atmosphère très particulière de l'époque, quand les fleurs devaient paraître naturelles. La combinaison quelque peu hardie des couleurs est intéressante, surtout lorsque la simplicité du vase en verre contribue à la mettre en valeur.

CHAPITRE QUATRE

LA TABLE ET LE REPAS

Les fleurs et la nourriture se combinent d'une heureuse manière, et le plus simple des repas prendra des allures de fête grâce à l'ambiance créée par une décoration de milieu de table. Un buffet peut être aussi richement orné que vous le souhaitez, mais un repas assis suppose des compositions florales qui embellissent sans alourdir et laissent aux invités suffisamment d'espace pour se parler et se voir distinctement. Les fleurs peuvent être assorties à la porcelaine et au linge de table, ou au contraire créer un contraste et devenir un point de mire. Il est également agréable d'avoir des fleurs odorantes sur la table, encore que leur parfum ne doive pas être si puissant qu'il altère l'odeur et la saveur des mets. Du panier rustique au vase élégant, pratiquement tous les supports susceptibles de contenir de l'eau ou de la mousse sont utilisables, et les fleurs peuvent s'insérer dans des blocs de mousse ou dans du feuillage. Dans les pages suivantes, vous trouverez de nombreuses suggestions intéressantes, comme cette table pour deux personnes, romantique et parsemée de fleurs roses, ou ce décor étagé pour un dîner très XIXe siècle.

Des roses tendres, des mauves et des bleus constituent les teintes principales de ce panier rustique. L'abondance et le foisonnement des fleurs donnent une chaleur et une générosité exceptionnelles à cette composition.

TEXTE PAGE 84

A l'heure du thé,
le vert acide
de l'alchémille crée
un contraste saisissant
avec les teintes pêche
et crème des roses.

TEXTE PAGE 84

Les roses,
le chèvrefeuille
et la menthe exhalent
leur délicieux parfum
dans cette élégante
composition
symétrique, idéale
pour un dîner
romantique.

TEXTE PAGE 84

CLARET

Cette vibrante composition de fleurs rouges est présentée sur un tissu imprimé de fleurs similaires, à fond noir.

TEXTE PAGE 85

Des roses rouge foncé et jaune vif ont été associées à une plante rampante dans cette somptueuse composition à étages dans le style du XIXe siècle.

TEXTE PAGE 85

Les couleurs de cette décoration de table en début d'été contrastent avec les arbres du verger.

TEXTE PAGE 85

Une simple corbeille à pain devient un support idéal pour un somptueux assortiment de fleurs roses. Des touches de blanc et de mauve rosé rehaussent l'ensemble, qui marie des fleurs de diverses variétés et textures.

Pour obtenir cet aspect naturel et simple, il faut avant toute chose sélectionner et équilibrer avec soin les fleurs, en se limitant à la palette de nuances d'une teinte dominante. Trop de rose pâle, par exemple, peut être lassant ; il faut alors trancher avec un rouge cerise un peu vif, ou une touche de rose foncé ou de blanc. On n'ajoute pas de verdure à ce genre de composition ; la corbeille doit donc être généreusement remplie de fleurs, certaines à grande tête unique, d'autres moins importantes, réunies en petits bouquets. L'arrière-plan en tissu donne de la profondeur à ce bouquet, les vraies fleurs se fondant avec les imprimées, tandis que la nappe de madras confère de la netteté et une certaine rigueur.

Des pavots délicats comme du papier offrent les plus extraordinaires des couleurs, allant du blanc et du rose à l'abricot et au rouge. Bien traités, ils dureront quelques jours, à condition de les laisser à l'intérieur. Ici, ils ont été mariés avec des amaryllis, des belladonnes exotiques rose pâle, des asters, des œillets, des panicauts bleu-gris et une variété blanche d'agapanthe.

Une pièce bien ensoleillée, décorée dans des tons doux de vert et de pêche, constitue le plus élégant des cadres pour le thé de l'après-midi et suppose des fleurs reposantes aux teintes douces. Le style soigné du cadre convient à un vase classique et raffiné en porcelaine peinte, dont le col étroit évite le recours à la mousse de fleuriste ou au grillage pour maintenir les fleurs en place. Si les queues sont un peu épaisses, un petit morceau de grillage en travers de l'ouverture du vase peut se révéler nécessaire.

Ici, on a compensé la douceur des roses abricot et champagne par une quantité importante d'alchémilles d'un vert acide, qui donnent de la vigueur à toute la composition et la rehaussent. Les freesias blancs apportent une note agréable, non seulement par leur beauté, mais également par leur merveilleuse senteur, qui compense l'absence de parfum des roses de fleuriste.

Ajouter un bouquet plus petit à côté de la composition principale est une idée originale. Ici, une coupe à dessert en verre dépoli accueille de gros boutons de roses blancs, rappelant ainsi le thème du grand vase et renforçant l'effet général de la composition.

Une chaude soirée d'été et un dîner aux chandelles servent de prétexte à une composition romantique de bouquets jumeaux. Une douce combinaison de rose et de vert, mise en valeur par un service en verre et de la dentelle, crée une ambiance féminine. Les vases à pied étroit donnent aux fleurs un aspect flottant, tout en conservant un certain classicisme.

On a marié des roses anciennes rose pâle, des clématites, du chèvrefeuille, des herbes vert tendre et des feuilles de menthe panachées, en une composition florale particulièrement décorative. Quelques belles pivoines roses constituent le point central de chaque bouquet, tandis que de longues et fines tiges d'œillets donnent l'illusion d'un désordre naturel. Un parfum agréable accentue le plaisir de dîner sur une table joliment décorée ; n'oubliez donc pas d'inclure une ou deux variétés odorantes telles que les freesias, les roses, le seringa, le jasmin ou le chèvrefeuille.

La réalisation est fort simple. A l'intérieur des vases, de petits blocs de mousse humide, plus hauts que larges, permettent de maintenir les fleurs en place. On introduit d'abord les plus longues tiges, puis les plus courtes, en donnant une forme triangulaire à l'ensemble. On insère ensuite les têtes les plus importantes, et on termine en étoffant avec les petits éléments et de la verdure.

L'aspect brillant des fraises mûres a inspiré cette composition estivale très colorée. Le support est un peu petit, mais les fleurs ont été arrangées de façon à retomber en cascade sur la nappe à motifs.

Des roses rouges veloutées se mêlent à des coquelicots et à des branches de fuchsia, de chèvrefeuille cramoisi et d'ancolie. De longs épis de digitales donnent forme et netteté à l'ensemble, tandis que le fond de feuilles de hêtre pourpre foncé fait parfaitement ressortir toutes les teintes rougeoyantes. Les coquelicots se conservent assez bien si l'extrémité de leur tige est préalablement traitée, soit en l'immergeant dans de l'eau bouillante, soit en la brûlant. Avec leurs cœurs noirs et leurs nuances superbes, ils sont un apport de prix dans toute composition.

Ici, le support est une corbeille rectangulaire en bois pâle, teinté avec un mélange d'encres pour obtenir un ton bleu-vert s'harmonisant avec les rouges et les cramoisis des fleurs. La peinture ou la teinture des contenants offrent de multiples perspectives esthétiques. Par exemple, on peut donner un aspect ancien à un panier d'osier en le peignant au pinceau ou à la bombe, puis en l'essuyant grossièrement pour ne laisser de traces de couleur que dans la trame même.

Au siècle dernier, les décorations de table étaient très complexes. On disposait les fleurs et les fruits en étages et on les reliait par des guirlandes de feuillage. Des spécimens exotiques très recherchés étaient utilisés aussi souvent que possible et le goût de l'époque allait vers les teintes riches et intenses. Nos aïeux auraient donc apprécié cette combinaison de rouge vif et de jaune intense. Les tons foncés de l'acajou conviennent parfaitement à ce type de composition, tandis que la lumière chaude et douce des bougies accentue les teintes du bois et crée ombres et reflets.

Peu de gens possèdent ces sortes d'assiettes à étages en verre, conçues pour recevoir une composition florale complexe, mais il est relativement aisé d'en fabriquer avec des coupes à pied et un verre à vin. Un ruban adhésif résistant permet de maintenir la structure en place, tandis que des blocs de mousse humide discrètement placés soutiennent les tiges.

Ces chrysanthèmes et ces alstrœmères, alliés à des roses rouges et jaune d'or, recréent parfaitement une atmosphère du XIXe siècle. On pourra compléter, pour faire « plus vrai », par des guirlandes de feuilles, par exemple de smilax.

A la fin du printemps, les pommiers sont en fleur dans les vergers. En harmonie avec les teintes fraîches des feuilles vertes et des fleurs roses environnantes, une cascade de fleurs épanouies complète la table apprêtée pour le thé de l'après-midi. On obtiendra un excellent résultat en mélangeant différentes nuances de rose, à condition d'ajouter beaucoup de vert clair pour trancher.

Dans ce genre de composition, un panier assez bas ou un récipient large mais peu profond est ce qui convient le mieux pour que les fleurs descendent majestueusement jusqu'au niveau de la table. Dans ce cas précis, l'aspect du récipient importe peu, puisqu'il est presque entièrement caché par les fleurs. Ici, de jeunes branches de hêtre, traitées afin de se conserver plus longtemps, dessinent les contours du bouquet. Trois épis dressés de giroflée lui confèrent sa forme triangulaire. Des lis, avec plusieurs fleurs sur chaque tige, constituent la majeure partie de la réalisation, tandis que de petits boutons de roses accentuent subtilement la couleur. Ces derniers sont répartis parmi d'autres espèces, comprenant des pois de senteur, des renoncules, des tulipes, des giroflées et de petites inflorescences de saxifrage rose.

Dans cette riche décoration digne d'une tapisserie, on a associé une grande quantité de fleurs et de fruits de fin d'été aux têtes épineuses des artichauts du jardin.

TEXTE PAGE 98

De fins rameaux de gypsophile évitent à une énorme composition comme celle-ci de paraître trop compacte et trop lourde.

TEXTE PAGE 98

Le miroitement des ors enrichit cette superbe cruche pleine de roses variées. Une bouteille de champagne rosé apporte une note de frivolité à cette décoration de fête très particulière.

TEXTE PAGE 98

Pour ce buffet décontracté, on a utilisé des objets rustiques et des couleurs de terre à côté de fruits et d'aliments qui accentuent l'atmosphère automnale de la décoration.

TEXTE PAGE 99

Une boîte à chapeau ancienne en étain brun caramel constitue un magnifique support pour cette composition florale d'automne, qui comprend des baies, des gratte-cul et des tiges de vigne d'ornement.

TEXTE PAGE 99

En hiver, lorsque les fleurs sont rares, on peut utiliser des plantes à feuilles persistantes brillantes et des fruits aux couleurs vives pour donner une autre dimension aux décorations de table. Un compotier à pied comme celui-ci fait un support idéal.

TEXTE PAGE 99

Peu avant que les couleurs fraîches de la mi-été cèdent la place aux rouges et aux ors de l'automne, les roses et les mauves foncés règnent en maîtres. Le fantastique mélange de teintes de fin d'été de cette composition étoffée évoque une tapisserie flamboyante.

Le bouquet principal a été placé dans un vase en céramique des années trente, dont la forme évite le recours à la mousse de fleuriste. Pour parvenir à un résultat semblable, commencez par les plus grands sujets : longs épis de pieds-d'alouette, asters, puis panicauts et liatris violets. Poursuivez par les éléments de taille moyenne : phlox, scabieuses et têtes lâches de brodiea bleu. Enfin, ajoutez des œillets, des bleuets et des têtes d'ail d'ornement, en vous assurant que les teintes et les formes sont bien équilibrées.

Placez un vase plus petit au pied du premier, ou bien disposez un plateau de beaux fruits et légumes pour donner l'impression de nature morte. En privilégiant une teinte de la composition principale, ou au contraire en contrastant, vous augmenterez considérablement l'impact créé par les fleurs. Dans le cas présent, un panier de fleurs d'artichaut qui, en séchant, constitueront une excellente décoration hivernale, fait une tache éclatante de mauve électrique, qui intensifie l'effet général.

Un mélange harmonieux de fleurs roses et blanches compose une décoration soignée pour une belle table en chêne. D'une façon générale, une création de milieu de table doit être suffisamment basse pour que les invités puissent se voir et se parler. En revanche, si la table est très longue, ou si la disposition des chaises limite la conversation aux voisins immédiats, on peut, bien sûr, utiliser des fleurs plus hautes.

Pour obtenir un effet semblable, remplissez un récipient peu profond, ici une bassine à confiture ancienne en cuivre, de mousse humide, en quantité suffisante pour qu'elle déborde légèrement. De la gypsophile blanc-vert est idéale pour étoffer le tout, et c'est par elle que vous devez commencer, en disposant les tiges les plus courtes dans l'alignement de la table. Placez ensuite plusieurs épis de glaïeuls nains pour donner du relief et de la netteté à l'ensemble, et pour lier le blanc de la gypsophile au rose vif des œillets. Ajoutez ceux-ci en tout dernier lieu, et veillez à ce qu'ils soient également répartis dans la bassine, afin de former un contour régulier et d'offrir le même point de vue à chaque invité.

A l'occasion d'un repas exceptionnel, vous pouvez apporter une note de raffinement en posant une fleur rose sur chacune des serviettes, ou à côté des couverts, ou encore en plaçant devant chaque assiette un petit vase garni de quelques fleurs.

Les ors du mobilier contribuent au faste de la fête, comme l'illustre ce buffet.

Quelle que soit l'occasion, il est bon de sélectionner une teinte dominante pour les mets, les fleurs, la porcelaine, les couverts, les bougies et toute autre décoration. Le thème choisi pour cette fête d'anniversaire est l'or, et on a veillé à harmoniser tous les éléments.

La lueur des bougies donne au décor un éclat chaud et doré, accentué par les bougeoirs en cuivre jaune. La cruche ouvragée, rehaussée d'or et garnie de décorations de Noël scintillantes, accueille avec élégance un bouquet bien fourni de roses variées.

Les fleurs sont regroupées par teintes — pêche, rose, crème et jaune —, dégageant ainsi une atmosphère de sérénité, plus difficile à obtenir autrement. Des bouquets plus petits sont disposés autour de la cruche, dans une vasque assortie, et dans le fond de laquelle on a versé un peu d'eau. Un élastique lie chaque bouquet, dont on a taillé les tiges à la même longueur. Aucune autre fleur n'a été utilisée pour obtenir cette impression d'opulence.

La richesse des teintes automnales s'exprime dans cette composition destinée à un souper sympathique dans une ambiance décontractée. La couleur du pain croustillant évoque la terre et s'harmonise aux tons brun-roux du cidre. Des corbeilles de fruits ont leur place sur cette table généreuse.

Le bois de pin brut s'harmonise avec la vaisselle marron, les corbeilles et la planche à couper le pain. Les fleurs, assez simples, sont placées dans un grand saladier émaillé. On a mélangé des alstrœmères rouges, rouille et or avec des lis orange vif et des roses jaunes, rappelant ainsi les couleurs des fruits. Quelques tiges de vigne ajoutées à la dernière minute apportent une touche de verdure. Ancrées dans le saladier, elles courent tout autour de la table en une sorte de guirlande.

Si l'on veut que la composition dure plusieurs heures, il est préférable d'utiliser du feuillage, du smilax par exemple. Ce dernier tient longtemps, avec ou sans eau. Les feuilles de vigne restent cependant indiquées pour serpenter sur le buffet, décorer la vaisselle ou le plateau à fromages.

La couleur et la forme du contenant peuvent parfois inspirer le style ou le thème des teintes de la composition florale. Ici, la surface peinte et régulière d'une ancienne boîte à chapeau en métal a semblé parfaite pour un mélange étonnant d'orange chaud et de différentes nuances d'abricot. Les couleurs sont celles de fleurs de serre et de jardin, et de grappes de baies de début d'automne. Des tons relevés comme l'orange, le brun et la terre cuite ont besoin d'une touche de vert pour rester frais et naturels ; c'est pourquoi on a utilisé de longs rameaux de feuilles de vigne d'ornement, aux teintes automnales, pour contraster avec la composition, plus sophistiquée. Un support comme celui-ci, qui n'est pas conçu pour contenir de l'eau, doit d'abord être traité pour devenir imperméable, puis être rempli de mousse humide pour supporter les tiges.

Les sorbes orange pâle sont les premières baies à se développer et elles durent longtemps, une fois les tiges coupées. Ici, on les a utilisées avec des petits fruits en grappes du genre millepertuis, et de longs gratte-cul d'ornement, auxquels se mêlent chrysanthèmes, carthames, œillets et tanaisies sauvages jaunes en bouton ; quelques branches d'alchémille ajoutent une note prononcée de vert acide. On a laissé beaucoup de feuillage sur les tiges des roses, des sorbes et du millepertuis. Pour accentuer les tons chauds et dorés des fleurs et des baies, on a placé près de celles-ci une assiette d'abricots tardifs.

Quand les fleurs sont chères, servez-vous des fruits pour donner de la couleur, et utilisez des feuilles persistantes brillantes comme celles du lierre pour créer une ambiance traditionnelle. Des bougies rehausseront les teintes chaudes et la belle texture des raisins, des pêches et des melons. Pour accentuer le côté fête d'un repas de Noël, drapez les coins d'une nappe et fixez-y des bouquets de fleurs et de feuilles.

Ici, un compotier du XIXe siècle plein de fruits constitue la pièce centrale, grâce aux têtes de fleurs et aux bouquets de feuilles en harmonie. Pour confectionner une telle composition, disposez en premier des fruits de taille régulière, comme des petites pommes. Faites-les tenir avec du mastic, si besoin est. Empilez d'autres fruits décoratifs pour former une pyramide, en commençant par les plus gros, par exemple des melons et des mangues. Posez ensuite une grappe de raisins de façon qu'elle pende hors du plat. Lorsque vous en avez terminé avec les fruits, ajoutez les fleurs et les feuilles. Vous pouvez les insérer simplement en coinçant les tiges sous les fruits.

Pour réaliser l'effet de drapé, placez deux nappes l'une sur l'autre. Plissez harmonieusement et à intervalles réguliers le bord de la nappe du dessus, et fixez les plis ainsi formés avec des épingles, que vous cacherez par de petits bouquets.

CHAPITRE CINQ

Compositions Florales d'Extérieur

Parler de compositions florales d'extérieur peut paraître un peu étrange mais, en certaines occasions, les fleurs du jardin risquent de vous sembler insuffisantes. C'est le cas, notamment, d'un mariage estival, d'un buffet à la mi-été, ou encore d'un barbecue, le soir, avec des tables dressées et des lampions dans les arbres. Par ailleurs, de nombreux jardins sont, de nos jours, conçus de façon à devenir une extension de la partie habitable de la maison ; il est donc logique de cultiver et de disposer des pots de fleurs dans le jardin, de la même manière que vous réalisez une décoration florale pour l'intérieur.

Les fleurs utilisées à l'extérieur auront du mal à rivaliser avec les plantes qui y poussent déjà, et, puisque la lumière du jour tend à estomper les couleurs, elles devront être plus soutenues et plus vives que d'ordinaire. Les compositions florales placées sur des tables doivent être lestées à la base, afin que le vent ne les renverse pas. Elles nécessitent en outre un apport d'eau fréquent, pour éviter le dessèchement dû au soleil, au vent et à la chaleur. Le meilleur choix consiste à utiliser des supports solides appropriés à l'environnement : le jardin n'est pas un endroit adéquat pour la porcelaine fine ou les verres à pied délicats.

Une nappe aux motifs hardis a inspiré cette composition de fête, aux accents exotiques.

TEXTE PAGE 114

Les fleurs disposées sur cette table drapée de tulle sont délicates et romantiques. Elles conviennent à l'atmosphère d'un mariage.

TEXTE PAGE 114

Les couleurs de ces fleurs de début de printemps sont vives et lumineuses. On a placé une combinaison ensoleillée de fleurs jaunes, blanches et vertes dans un cadre frais et verdoyant.

TEXTE PAGE 114

Un service à punch très décoré constitue un support idéal pour un bouquet de roses vivement colorées de début d'été.

TEXTE PAGE 115

Les blancs et les crème tendres des fleurs s'intègrent de façon naturelle dans ce cadre romantique et verdoyant.

TEXTE PAGE 115

Les fleurs en pot peuvent être disposées à l'extérieur de la même façon que dans la maison, en prenant garde à équilibrer et à harmoniser les coloris.

TEXTE PAGE 115

Un tissu aux riches motifs de feuilles, de fleurs et d'oiseaux a inspiré cette réalisation fantaisiste pour un jardin. Quelques vases pleins de fleurs vives comme celles-ci feraient un décor idéal pour un buffet du soir ou une réception en plein air, auxquels ils apporteraient une note exotique. En fait, les fleurs ont été arrangées très simplement ; on a joué sur l'alliance de teintes vives et détonantes avec des vases unicolores qui accentuent leur effet.

Le choix des contenants, des fleurs et du lieu adéquat constitue souvent la phase la plus délicate, mais aussi la plus importante. Ici, c'est l'orange vif de la nappe qui a été adopté comme couleur de base pour la composition ; les lis orange de la grande cruche turquoise, mêlés à quelques autres de la variété rose 'Stargazer' et à de longs pieds-d'alouette, sont un bon point de départ. Le vase rond couleur corail contient une poignée de capucines orange et de géraniums rose vif, tandis que son voisin marie des alstrœmères jaune d'or, des soucis à cœur foncé et d'autres lis orange. Enfin, le petit récipient turquoise réunit une majorité de lis avec des têtes d'ail d'ornement violacées, des roses rose vif et des reines-marguerites rose plus pâle.

Il faut un événement particulier pour justifier les efforts nécessités par l'installation d'un buffet de grande envergure à l'extérieur ; mais, si le temps le permet, il n'y a rien de plus réjouissant qu'un repas de mariage sur des pelouses verdoyantes ou à l'abri d'une grande tente. Pour être dignes de la journée, il faut que les fleurs attirent l'attention. Toutefois, elles ne doivent en aucun cas éclipser le cadre, ni la décoration des mets. C'est pourquoi seules deux espèces ont été utilisées ici.

La gypsophile mousseuse projette des ombres et des motifs merveilleux ; elle est suffisamment aérienne pour ne pas gêner la vue, ni dissimuler les plats. C'est une espèce très séduisante, pourtant, on ne l'emploie généralement que pour étoffer un bouquet. Un nuage de gypsophile est spectaculaire et convient parfaitement à une décoration de mariage.

Pour renforcer cette atmosphère de rêve, on a fait courir sur les bords de la table un long morceau de tulle blanc, retenu par des têtes de scabieuses. D'autres spécimens de cette espèce mauve pâle ont été coupés court et répartis dans des verres pour donner une touche de couleur subtile.

Les contenants en verre sont les plus adéquats quand on souhaite un effet irréel, comme ici. L'eau devra en être changée régulièrement, et être maintenue limpide.

Au printemps, la nature abonde en verts éclatants, en jaune citron acide ou tendre et en ors. Le blanc est également omniprésent dans les vergers et les jardins ; sa pureté et son éclat renforcent l'atmosphère de renouveau.

A cette époque de l'année, choisissez de grosses renoncules jaunes et blanches. Avec ses boutons fermes et ronds, ses têtes aux nombreux pétales, ses centres verts et ses étamines dorées, l'humble bouton-d'or est une superbe fleur qui tient longtemps et allonge la durée de vie de toute composition. Les tulipes et les iris accentuent l'ambiance printanière, tandis que les jonquilles, avec leurs inflorescences en trompette, donnent parfum et texture. Les rondeurs de leurs contours contrastent subtilement avec la fraîcheur délicate des lunaires blanches, qui les mettent en valeur.

Ce contenant imperméabilisé vert-jaune est idéal pour recevoir une brassée de ces fleurs de printemps, qu'un léger feuillage frais égaie. On a placé des blocs de mousse humide à l'intérieur, une structure aussi dense nécessitant un support solide.

Il est un moment magique, à la mi-été, lorsque les couleurs des fleurs et des fruits semblent atteindre leur apogée, et que tout paraît divin. Les cerises sont mûres, les fraises abondantes, et presque tous les jardins regorgent de roses épanouies. L'herbe est encore verte et tout restera lumineux pendant une semaine ou deux. C'est l'occasion rêvée d'apprécier tous les fruits de la saison.

Dans le cas présent, on a utilisé comme contenant un très original service à punch en céramique, décoré d'un kaléidoscope de fleurs peintes. Il a été rempli d'une brassée de roses d'été. Les fleurs de serre côtoient celles des champs, et leurs couleurs vont de l'abricot le plus pâle au mauve-rose, en passant par le jaune vif et le blanc pur, tandis que quelques pois de senteur odorants ajoutent une touche de rose saumon. Cette composition ne nécessite pas davantage de verdure que celle du feuillage des fleurs ; cependant, on y a quand même ajouté une ou deux branches de bryone, prélevées sur une haie, et qui retombent naturellement.

Des fruits de saison disposés sur une assiette produisent le même effet visuel qu'un bouquet de fleurs. Choisissez-en quelques-uns qui ne soient pas encore mûrs et qui ne présentent aucune tache, et empilez-les sur une belle assiette. Placez-les à côté de la composition florale pour profiter de leurs qualités esthétiques, puis mangez-les quand bon vous semblera.

Un mariage à la campagne exige l'emploi de fleurs tendres et romantiques. Dans ces compositions, posées sur une table rustique faisant office de buffet, le blanc, le crème et le vert s'intègrent naturellement dans le paysage.

Ces réalisations ont été placées dans des contenants en verre très hauts et très étroits, pour que les fleurs ne retombent pas sur la table et pour créer un effet de légèreté. Des branches de feuillage rendent cet ensemble conventionnel très spectaculaire : bryone, clématite et feuilles de vigne serpentent sur la table et pendent jusqu'à terre.

L'essentiel des bouquets est composé de roses blanc cassé et de lavatères persistantes d'un blanc pur. Quelques roses blanches au centre doré soulignent l'ensemble, auquel des marguerites à grandes tiges et de longs épis d'amarante vert-jaune donnent de la légèreté.

La petite taille de toutes ces fleurs rend ces compositions élégantes, mais, en même temps, assez délicates pour un lieu où seront servies nourriture et boisson ; des décorations basses peuvent être posées sur la table, parmi les plats, mais des fleurs sur piédestal seront mieux à leur place à l'arrière ou sur le côté du buffet, pour éviter qu'on ne les renverse.

Les plantes en pot et en bac permettent de modifier le décor à loisir et de réaliser, à l'extérieur, des arrangements temporaires ou permanents. Certaines espèces, comme les fuchsias, se prêtent particulièrement bien à la culture en pot, et leur période de floraison peut s'étendre sur tout un été.

Posé sur une petite surface pavée, un banc adossé à un muret en pierre est un refuge où l'on peut s'éloigner du monde, et c'est l'endroit idéal où disposer une sélection vivement colorée de fleurs en pots. Dans un jardin qui privilégie la verdure pour l'effet qu'elle produit tout au long de l'année, il est important de réserver un ou deux emplacements à divers autres coloris. Ici, on a choisi le rose dans toutes ses nuances, des marguerites les plus pâles jusqu'aux vifs géraniums 'Paton's Unique' bicolores, plantés dans de grands pots de terre cuite.

La plupart des variétés de fuchsias possèdent des fleurs qui tombent en cascade, et certaines ont des branches qui s'inclinent gracieusement vers le bas. Ces espèces sont particulièrement recommandées pour les pots ou paniers suspendus, qui mettent en valeur leurs spécificités. Formés en massif sur une longue tige unique, les fuchsias peuvent faire de beaux arbustes assez hauts pour prendre place parmi d'autres pots, en étoffant et rehaussant l'ensemble. Ils n'apprécient guère la lumière forte du soleil ni les sols très secs, mais préfèrent les endroits abrités.

SOINS DES FLEURS

CUEILLETTE ET ENTRETIEN DES FLEURS

CUEILLETTE

Le meilleur moment pour cueillir les fleurs se situe très tôt le matin ou le soir, quand l'évaporation est au plus bas. Les fonctions chimiques des plantes sont en pleine activité au grand soleil ; de ce fait, si on les coupe au milieu d'un après-midi chaud, elles se flétrissent très rapidement. Cueillies après la rosée du matin ou sous une petite pluie fine, et donc gorgées d'eau, elles tiennent plus longtemps. Assemblez les fleurs sans tarder et mettez-les dans l'eau dès que possible. Choisissez-les saines et fraîches, au moment où elles commencent à s'épanouir, ou quand les boutons sont prêts de s'ouvrir. Traitez-les comme indiqué plus loin.

ACHAT

Les fleurs vendues dans le commerce sont souvent traitées au préalable, mais vous pouvez toujours retailler les tiges sous un filet d'eau fraîche. Veillez à acheter vos fleurs dans des magasins ou chez des fleuristes qui renouvellent leur stock au moins deux fois par semaine.

ENTRETIEN

1 Coupez l'extrémité des tiges en biseau, de façon qu'une surface maximale soit exposée à l'eau. Effectuez cette opération de préférence sous l'eau.

2 Enlevez l'écorce des tiges arbustives sur quelques centimètres, puis écrasez ou fendez l'extrémité pour permettre à l'eau de pénétrer facilement. Cette opération peut se faire avec un marteau, un sécateur ou une paire de ciseaux bien coupants.

3 Mettez les fleurs ainsi préparées dans un seau d'eau chaude, où elles séjourneront plusieurs heures ou toute la nuit.

4 Si les tiges sont courbées et si vous voulez les redresser, enroulez bien les fleurs dans du papier journal et plongez- les dans l'eau. Cette méthode est particulièrement recommandée pour les tulipes et les gerberas.

5 Certaines fleurs exsudent une sève laiteuse qui va les gêner pour absorber l'eau. Pour stopper cette petite hémorragie, brûlez l'extrémité des tiges de pavots, d'euphorbes et de fougères en la passant au-dessus d'une flamme.

6 Certaines fleurs, les pavots, par exemple, vivront plus longtemps si vous plongez leurs tiges dans un peu d'eau bouillante pendant quelques minutes.

7 Pour prolonger la vie des fleurs à tiges creuses, comme le delphinium ou l'amaryllis, remplissez-les d'eau, puis bouchez-les avec un morceau de coton. Laissez-les dans l'eau aussitôt après les avoir traitées.

8 Enlevez toujours les feuilles les plus basses, qui se retrouveraient immergées dans l'eau du vase. En pourrissant, elles pollueraient l'eau, et faciliteraient l'apparition de bactéries et de mauvaises odeurs.

9 Il faut enlever toutes les épines des roses, ainsi que les feuilles et les petites branches. Supprimez les épines en frottant vigoureusement les tiges avec la lame d'une paire de ciseaux, ou un outil spécialement conçu à cet effet.

10 Certains lis ont des étamines chargées d'un pollen qui peut laisser des traces indélébiles sur les tissus d'ameublement ou sur vos vêtements, si vous les effleurez. Supprimez-les donc.

11 Si les fleurs se fanent subitement, ravivez-les en recoupant les tiges et en les plaçant dans de l'eau chaude, dans un récipient peu profond, pendant environ une demi-heure. Éloignez les fleurs de la vapeur quand vous versez l'eau.

12 Préparez le feuillage en l'immergeant entièrement dans l'eau pendant quelques heures. N'utilisez en aucun cas cette méthode sur du feuillage gris, argenté ou duveteux.

13 Enlevez les boutons supérieurs des fleurs comme le glaïeul pour être sûr que ceux du bas s'ouvrent.

MATÉRIEL

INSTRUMENTS DE COUPE
Un sécateur de qualité ou une bonne paire de ciseaux de fleuriste à lames courtes font partie des outils indispensables à la confection de bouquets.

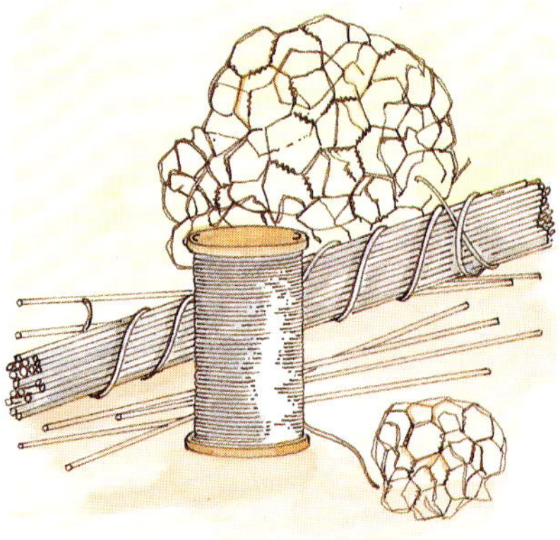

FIL DE FER
Différentes sortes de fil sont utiles, selon la taille et le poids de fleurs, ou encore leur état — fraîches ou séchées.

MATÉRIEL D'ARROSAGE
Un arrosoir à long bec est nécessaire pour atteindre le centre d'une composition volumineuse. Beaucoup de fleurs apprécient d'être aspergées d'eau ; incluez donc un vaporisateur dans votre équipement.

RUBAN ADHÉSIF
Si vous confectionnez des petits bouquets, il vous faut du ruban adhésif pour attacher les tiges et recouvrir le fil de fer. Connu sous le nom de flora-tape, il en existe en vert, blanc et marron.

MOUSSE DE FLEURISTE **(ou mousse synthétique)**
Des blocs de mousse humide pour soutenir les fleurs dans des contenants peu profonds sont indispensables, tout comme la mousse spécifique aux compositions de fleurs séchées. On peut donner à ces deux matériaux la forme et la taille désirées, et l'on peut facilement les cacher sous une couche de mousse naturelle.

La plupart des mousses humides dont on dispose aujourd'hui ne nécessitent qu'une ou deux minutes de trempage. Taillez la mousse de façon qu'elle arrive jusqu'au bord du récipient, si vous désirez que vos fleurs soient plus hautes. Fixez-la avec un ruban adhésif, ou un morceau de grillage, ou encore à l'aide d'un pique-mousse maintenu au fond du récipient grâce à de la cire florale. La mousse est inesthétique dans des contenants transparents, sauf si elle est couverte ou cachée d'une manière ou d'une autre. Réservez donc les vases en verre pour les bouquets informels.

La plupart des tiges, coupées en biseau, s'enfoncent facilement dans la mousse humide, où elles restent

fermement ancrées. Cependant, si vous utilisez des plantes à tiges très molles, vous devrez préalablement percer la mousse de trous, dans lesquels les tiges viendront s'insérer. Les fleurs absorbent une grande quantité d'eau ; n'oubliez pas de garder la mousse humide en rajoutant de l'eau fraîche de temps en temps , surtout s'il fait chaud.

SUPPORTS

ENTONNOIRS
Pour des compositions florales de grande envergure, à l'occasion d'un événement particulier par exemple, de longs entonnoirs permettent d'augmenter la hauteur des tiges à fleur unique.

PIQUE-FLEURS
Ces lourds blocs de métal hérissés d'aiguilles pointues ne sont peut-être plus en vogue, mais ils restent un moyen sûr de faire tenir certaines compositions. Fixez-les au fond du contenant avec de la cire florale, puis insérez les fleurs.

GRILLAGE
Plié en boule, il permet de soutenir les plantes dans des vases à col étroit et dans des récipients peu profonds, surtout si vous utilisez des espèces à tige ligneuse ou à inflorescence lourde. On peut le maintenir en place avec du ruban adhésif fixé sur le récipient.

BILLES
Des billes de verre enjolivent un vase transparent, tout en aidant les tiges à rester verticales. On peut également utiliser du gravier.

BRANCHETTES
Pour maintenir les tiges en bonne position à l'intérieur d'un vase, coupez une petite branche en courts tronçons, et utihsez-les comme cales ou appuis.

PROLONGER LA VIE D'UNE COMPOSITION

Si vos fleurs ont été préparées soigneusement et placées dans de la mousse humide ou dans de l'eau, elles devraient durer une semaine ou plus, selon les espèces. Pour les conserver plus longtemps, n'oubliez pas d'enlever les feuilles des parties immergées et ne mettez que de l'eau tiède, en tout cas jamais glacée. Ajoutez-y une ou deux gouttes d'eau de Javel et une cuillerée de sucre, ou utilisez les cristaux spéciaux habituellement fournis par les fleuristes avec les fleurs coupées. Remplacez l'eau au bout de quelques jours si elle devient opaque, et retirez les éléments fanés ou morts. Supprimez les fleurs flétries et laissez les boutons s'ouvrir.

Les tableaux suivants dressent la liste des caractéristiques de plus de cent plantes utilisées couramment dans les compositions florales. La période de floraison naturelle est donnée pour chacune d'elles, mais il faut savoir que l'on peut trouver la plupart de ces sujets chez les fleuristes à d'autres moments de l'année.

TABLEAUX D'INFORMATION

PLANTE	LONGUEUR DES TIGES COUPÉES	FORME ET TEXTURE	COULEURS	PARFUM	LONGÉVITÉ DES FLEURS (en jours)	TYPE	ÉPOQUE DE FLORAISON
Acanthus mollis Acanthe	60-90 cm	Grand épi penché. Feuillage épineux et brillant	Rose pourpré	Aucun	7-14	Vivace	Été
Achillea Achillée	60-120 cm	Inflorescence aplatie au sommet de la tige	Jaune	Aucun	7	Vivace	Fin d'été-automne
Agapanthus Agapanthe	30-60 cm	Ombelle de petites fleurs en trompette	Bleu lavande, blanc	Aucun	7-10	Vivace	Été
Alchemilla mollis Alchémille	30 cm	Toutes petites fleurs vaporeuses. Feuilles duveteuses	Jaune-vert acide	Aucun	7-14	Vivace	Début-fin d'été
Allium Ail d'ornement	30-90 cm	Petites fleurs étoilées groupées en inflorescence	Blanc, crème, mauve, pourpre, jaune, rose, cerise	Oignon	7-10	A bulbe	Début d'été-automne
Alstroemeria Alstrœmère	30-60 cm	Petites fleurs en entonnoir	Rose, rouge, jaune, orange, pêche, pourpre	Aucun	7-14	Vivace	Été
Althaea rosea Rose trémière	30-60 cm	Longues tiges dressées, fleurs rosacées aplaties	Rose, blanc, marron, rouge, saumon, crème	Aucun	7	Bisannuel	Été
Amaranthus caudatus Amarante	15-30 cm	Grand épi duveteux	Marron, vert	Aucun	7	Annuel	Été
Anaphalis	30-60 cm	Grappe de fleurs sur tige molle	Blanc	Aucun	7	Vivace	Fin d'été-automne
Anchusa Buglosse	35-90 cm	Toutes petites fleurs. Feuilles hérissées de poils	Bleu	Aucun	7	Vivace	Printemps-début d'été
Anemone Anémone	15-30 cm	Fleurs en coupe, sur tige dressée	Pourpre, rouge, blanc, bleu	Aucun	7-14	Vivace	Printemps-automne
Antirrhinum majus Gueule-de-loup, muflier	30-90 cm	Long épi de fleurs sur la tige	Jaune, blanc, rouge, orange, rose	Aucun	7-10	Annuel	Été
Aquilegia Ancolie	30-90 cm	Fleurs perchées, feuilles bien dessinées	Bleu, blanc, mauve, pourpre, rose	Aucun	7-10	Vivace	Printemps-début d'été
Aster ericoides	30-60 cm	Petites fleurs en capitule étoilé	Jaune, blanc	Aucun	7-10	Vivace	Été
Aster novi-belgii Aster	30-90 cm	Grappe de fleurs assez touffue	Mauve, cerise, blanc, rose, pourpre	Aucun	7-10	Vivace	Automne

PLANTE	*LONGUEUR DES TIGES COUPÉES*	*FORME ET TEXTURE*	*COULEURS*	*PARFUM*	*LONGÉVITÉ DES FLEURS (en jours)*	*TYPE*	*ÉPOQUE DE FLORAISON*
Astrantia	30-60 cm	Petites fleurs en étoile	Blanc rosé	Aucun	7-10	Vivace	Printemps-début d'été
Azalea Azalée	15-30 cm	Fleurs en corymbe, sur tige ligneuse	Jaune, rose, orange, rouge, blanc, pêche	Certaines variétés très odorantes	5-7	Arbuste à feuillage persistant	Printemps-début d'été
Borago officinalis Bourrache	30 cm	Grappe de petites fleurs étoilées	Bleu foncé	Aucun	5-7	Annuel	Fin du printemps-été
Brodiaea	15-25 cm	Ombelle de fleurs tubulaires	Bleu	Aucun	7-10	A bulbe	Printemps-été
Calendula officinalis Souci	15-30 cm	Fleurs en capitule solitaire	Nuances d'orange	Épicé	7-10	Annuel	Été
Camellia Camélia	15-30 cm	Fleurs rosacées simples ou doubles	Rose, blanc, rouge, pêche	Aucun	7	Arbuste à feuillage persistant	Début du printemps-début d'été
Campanula Campanule	15-60 cm	Fleurs en clochette	Bleu, blanc, mauve, rose	Aucun	7-10	Bisannuel ou vivace	Été
Catananche caerulea Cupidone	30-60 cm	Fleurs en capitule sur la tige fine	Bleu ciel	Aucun	7-14	Vivace	Été
Centaurea cyanus Bleuet, barbeau bleu	15-30 cm	Fleurs en capitule terminal, à pétales nombreux	Bleu foncé, mais aussi toute couleur, sauf le jaune	Aucun	7-10	Annuel	Été
Cheiranthus Giroflée	15-30 cm	Grappe terminale sur tige dressée	Rouille, rouge, orange, jaune, bronze, pourpre	Très soutenu	7	Bisannuel	Printemps
Chrysanthemum frutescens Chrysanthème frutescent, anthémis	15-30 cm	Fleurs en capitule. Feuillage délicat	Blanc, jaune	Aucun	7-10	Annuel ou vivace	Été
Chrysanthemum parthenium	15-30 cm	Capitules petits et nombreux en corymbe	Fleurs blanches. Feuillage vert clair ou acidulé	Distinct	7-10	Vivace	Printemps-été
Clarkia	30-60 cm	2 ou 3 fleurs veloutées en trompette	Rose, rouge, blanc, saumon, écarlate	Aucun	7	Annuel	Été
Convallaria majalis Muguet	15-20 cm	Petites clochettes sur tige courte	Blanc	Très soutenu	7	Vivace	Printemps
Convolvulus tricolor Belle de jour	15-20 cm	Délicates fleurs en entonnoir	Bleu foncé	Aucun	7	Annuel	Été

PLANTE	*LONGUEUR DES TIGES COUPÉES*	*FORME ET TEXTURE*	*COULEURS*	*PARFUM*	*LONGÉVITÉ DES FLEURS (en jours)*	*TYPE*	*ÉPOQUE DE FLORAISON*
Cosmos Cosmos	30-60 cm	Fleurs en capitule, à large centre	Jaune, rouille, rouge-brun, rose, blanc	Aucun	7-10	Annuel	Fin d'été
Crocosmia x *crocosmiiflora*	15-30 cm	Petites fleurs en trompette	Orange, rouge, jaune	Aucun	7	A bulbe	Fin d'été
Dahlia Dahlia	15-60 cm	Fleurs en capitule, à nombreux pétales	Rouge, orange, jaune, rose, blanc, pêche	Aucun	7-10	Vivace	Fin d'été
Delphinium ajacis Pied-d'alouette, dauphinelle	30-90 cm	Fleurs éperonnées, en grappe	Bleu, rose, blanc, mauve, cerise	Aucun	7-14	Annuel	Été
Delphinium elatum Delphinium	60-150 cm	Tiges couvertes de fleurs	Blanc, bleu, mauve	Aucun	7-14	Vivace	Été
Dianthus Œillet (variétés horticoles)	20-30 cm	Fleurs simples ou doubles, solitaires ou groupées	Très nombreux coloris	Épicé et agréable	7-10	Vivace	Été
Dianthus barbatus Œillet de poète	15-60 cm	Fleurs en fascicule dense	Rouge, blanc, rose, bicolore	Particulier	7-10	Bisannuel	Été
Dianthus caryophyllus Œillet des fleuristes	30-60 cm	Fleurs à pétales dentés ou crénelés	Blanc, rouge, pêche, diverses nuances de rose	Léger	10-14	Vivace	Été
Digitalis Digitale	60-90 cm	Fleurs en grappe terminale unilatérale, sur une longue tige	Pourpre, mauve, blanc, rose, abricot, crème, jaune	Aucun	7	Bisannuel ou vivace	Début d'été
Echinops ritro Boule azurée	60-90 cm	Fleurs réunies en tête globuleuse	Bleu	Aucun	7-14	Vivace	Fin d'été
Eremurus	60-90 cm	Fleurs réunies en grappe dense	Jaune, blanc, orange, rose	Aucun	7-10	Vivace	Été
Eryngium Panicaut	60-90 cm	Petites fleurs réunies en épi dense ou en tête épineuse	Blanc, bleu, violet	Aucun	7-10	Vivace	Fin d'été
Euphorbia Euphorbe	30-90 cm	Fleurs parfois accompagnées de bractées colorées	Nuances de vert, orange	Aucun	7	Vivace	Hiver-été
Euphorbia marginata	30-60 cm	Feuillage panaché et bractées blanches	Crème-vert	Aucun	7-10	Annuel	Été
Foeniculum vulgare Fenouil	30-60 cm	Fleurs ombellifères	Jaune	Soutenu	7	Vivace	Été
Forsythia	30-90 cm	Petites fleurs étoilées	Jaune	Aucun	7	Arbuste	Début du printemps

PLANTE	*LONGUEUR DES TIGES COUPÉES*	*FORME ET TEXTURE*	*COULEURS*	*PARFUM*	*LONGÉVITÉ DES FLEURS (en jours)*	*TYPE*	*ÉPOQUE DE FLORAISON*
Freesia Freesia	15-30 cm	Jusqu'à 8 fleurs en trompette sur chaque tige	Jaune, blanc, mauve, rose	Très soutenu	7	A bulbe	Hiver - printemps
Fritillaria imperialis Couronne impériale	30-60 cm	Couronne de fleurs en forme de cloche	Rouge brique	Étrange et fort	7	A bulbe	Printemps
Galanthus nivalis Nivéole, perce-neige	15 cm	Fleurs tubulaires, pendantes	Blanc	Très faible	7	A bulbe	Hiver - début du printemps
Galium odoratum Caille-lait	15 cm	Petites fleurs étoilées	Blanc	Fort quand la plante sèche	7	Vivace	Printemps
Gardenia jasminoides Gardenia	15-30 cm	Fleurs à nombreux pétales. Feuillage brillant	Blanc	Très soutenu	7	Arbuste à feuillage persistant	Été
Genista scoparia Genêt commun	30-60 cm	Fleurs solitaires en racème	Jaune, blanc, crème, rose, pêche, rouge, mauve	Assez fort	7	Arbuste	Été
Gerbera jamesonii Gerbera	30-60 cm	Capitule de fleurs sur tige dressée	Blanc, crème, rose, jaune, orange, pêche, rouge	Aucun	7-14	Vivace en serre et sous climat chaud	Été
Gladiolus Glaïeul	30-90 cm	Épi unilatéral de fleurs en trompette	Blanc, crème, jaune, rouge, orange, pêche, rose, mauve	Aucun	7-14	Vivace	Été
Gypsophila Gypsophile	30-60 cm	Petites fleurs vaporeuses	Blanc	Aucun	7-14	Annuel ou vivace	Été
Helianthus annuus Soleil, tournesol	60-150 cm	Larges fleurs en capitule	Orange, jaune, rouille	Aucun	7-10	Annuel	Été-automne
Helichrysum bracteatum Immortelle	30-60 cm	Fleurs en capitule, à texture papyracée	Rouge, jaune, orange, rose, terre cuite, blanc, crème	Aucun	10-14	Annuel	Été
Helleborus Hellébore	30-90 cm	Grappes de bractées	Vert, pourpre, blanc	Aucun	7-10	Vivace	Hiver-début du printemps
Hemerocallis Hémérocalle, lis jaune	60-90 cm	Grandes fleurs en trompette, s'ouvrant une à une	Orange, jaune, pêche	Aucun	7	Vivace	Été
Heuchera sanguinea	15-30 cm	Petites fleurs pendantes	Rouge, blanc, rose, corail	Aucun	7	Vivace	Fin du printemps-été

PLANTE	*LONGUEUR DES TIGES COUPÉES*	*FORME ET TEXTURE*	*COULEURS*	*PARFUM*	*LONGÉVITÉ DES FLEURS (en jours)*	*TYPE*	*ÉPOQUE DE FLORAISON*
Hippeastrum Amaryllis	30-90 cm	3 à 5 énormes fleurs en entonnoir, sur grande tige creuse	Blanc, pêche, rose, rouge	Quelques variétés blanches odorantes	7-14	A bulbe cultivé en serre	Hiver-printemps
Hyacinthus Jacinthe	15-30 cm	Fleurs cireuses en grappe, sur une tige nue	Bleu, rose, blanc, crème, cerise, rouge	Prononcé	7-10	A bulbe	Printemps
Hydrangea macrophylla Hortensia	30-60 cm	Fleurs en gros corymbe terminal	Rose, blanc, bleu, rouge	Soutenu	7	Arbrisseau	Fin été
Iris (grandes espèces) Iris	15-60 cm	Fleurs au sommet d'une longue tige érigée	Marron, bleu, mauve, vert, blanc-jaune	Aucun	7	Vivace	Début d'été
Jasminum nudiflorum Jasmin d'hiver	15-60 cm	Fleurs solitaires, le long de la tige arquée	Jaune	Aucun	5-7	Arbuste	Hiver
Jasminum officinale Jasmin blanc	15-30 cm	Fleurs en cyme terminale	Blanc	Très soutenu	5-7	Grimpant	Été
Lathyrus odoratus Pois de senteur	15-30 cm	Fleurs délicates, à corolle papilionacée	Blanc, rose, mauve, crème, rouge, marron	Très fort	7-10	Annuel	Été
Lavandula Lavande	15-30 cm	Très petites fleurs au sommet d'une tige dressée	Violet, mauve	Très fort	7-10	Arbuste persistant	Été
Lavatera trimestris Lavatère, mauve	20-45 cm	Fleurs en trompette	Rose, blanc	Aucun	7-10	Annuel	Été
Liatris pycnostachya	30-60 cm	Épis dense de capitules.	Rose-pourpre	Aucun	7-10	Vivace	Été
Lilium Lis	30-60 cm	Grosses fleurs à longues étamines	Rose, orange, jaune, blanc, pêche, cerise	Beaucoup de variétés très odorantes	7-10	A bulbe	Été
Lonicera Chèvrefeuille	15-30 cm	Fleurs en trompette longue et étroite	Jaune, crème, rose, rouge	Soutenu	5-7	Arbuste ou plante grimpante	Été-automne
Lupinus polyphyllus Lupin	30-60 cm	Fleurs en long épi dressé	Bleu, mauve, pourpre, jaune, pêche, rouge, rose, crème, bicolore	Fort mais peu agréable	7	Vivace	Début d'été
Mahonia japonicum	15-30 cm	Fleurs en fascicules réunies en grappe.	Jaune	Fort	5	Arbuste persistant	Hiver-début du printemps

PLANTE	*LONGUEUR DES TIGES COUPÉES*	*FORME ET TEXTURE*	*COULEURS*	*PARFUM*	*LONGÉVITÉ DES FLEURS (en jours)*	*TYPE*	*ÉPOQUE DE FLORAISON*
Matthiola incana Giroflée	30-60 cm	Inflorescence en pyramide ou en candélabre	Crème, rose, blanc	Fort	7-10	Bisannuel ou vivace de courte durée	Été
Molucella laevis	30-60 cm	Pointes érigées de bractées épineuses	Vert acidulé	Aucun	7	Annuel	Fin d'été
Monarda didyma	30-60 cm	Fleurs verticillées au sommet de la tige	Rouge, rose foncé	Léger	7	Vivace	Été
Muscari armeniacum	15 cm	Grappe de fleurs en tube	Bleu foncé vif à taches jaunes	Très soutenu	7	A bulbe	Début du printemps
Myosotis Myosotis	15 cm	Minuscules fleurs le long de la tige	Bleu	Aucun	7	Bisannuel	Printemps - début d'été
Myrrhis odorata Cerfeuil musqué	15-30 cm	Petites fleurs en large ombelle. Feuilles veloutées	Blanc-crème	Plante odorante quand elle est froissée	7	Vivace	Début d'été
Narcissus Narcisse, jonquille	15-30 cm	Fleurs en trompette. Feuilles herbacées	Jaune, blanc, crème	Quelques variétés odorantes	7-10	A bulbe	Printemps
Nemophila menziesii	15 cm	Fleurs solitaires sur tiges molles	Bleu	Aucun	5-7	Annuel	Été
Nepeta Herbe-aux-chats	15-60 cm	Petites fleurs en grappe compacte	Mauve	Léger	7	Vivace	Été
Nerine bowdenii	30-45 cm	Fleurs en trompette au sommet de la tige	Rose éclatant, rouge	Aucun	7-10	A bulbe	Automne
Nicotiana Tabac	30-60 cm	Fleurs en trompette, à pétales veloutés	Crème, blanc, vert, rose, pourpre	Très fort chez certaines variétés	7	Annuel	Été
Nigella damascena Nigelle de Damas, cheveux-de-Vénus	15-20 cm	Fleurs nombreuses, entourées par une collerette	Bleu	Aucun	7	Annuel	Été
Ornithogalum umbellatum Étoile de Bethléem, dame d'onze heures	15 cm	Fleurs en corymbe, s'ouvrant en étoile peu avant midi	Blanc et vert	Aucun	5-7	A bulbe	Début du printemps
Paeonia Pivoine	20-45 cm	Grandes fleurs simples ou doubles	Rose, rouge, crème, blanc, marron foncé	Aucun	7	Vivace	Début d'été
Papaver nudicaule Pavot d'Irlande	30 cm	Larges fleurs à pétales papyracés	Jaune, blanc, orange, rouge, crème, pêche	Aucun	7	Bisannuel	Été
Papaver orientale Pavot d'Orient	30 cm	Pétales papyracés, étamines noires	Rouge, pêche, blanc, rose	Aucun	5	Vivace	Début d'été

PLANTE	LONGUEUR DES TIGES COUPÉES	FORME ET TEXTURE	COULEURS	PARFUM	LONGÉVITÉ DES FLEURS (en jours)	TYPE	ÉPOQUE DE FLORAISON
Papaver paeoniaeflorum Pavot à fleur de pivoine	30-45 cm	Pétales papyracés. Grandes têtes de graines, très décoratives	Rose, rouge, blanc, mauve	Aucun	5	Annuel	Été
Papaver rhoeas Coquelicot	20-30 cm	Pétales papyracés délicats, simples ou doubles	Rose, rouge, blanc, pêche, bicolore	Aucun	5	Annuel	Été
Pelargonium Géranium	15-30 cm	Fleurs simples sur tige charnue	Rouge, rose, blanc, pourpre, saumon	Aucun, sauf variétés à feuilles odorantes	5-7	Sous-arbuste de serre ; persistant sous climat chaud	Printemps-été-automne
Phacelia	20 cm	Fleurs en clochette	Bleu	Aucun	5-7	Annuel	Été
Philadelphus Seringa	15-60 cm	Petites fleurs en grappe	Blanc	Très soutenu	7	Arbuste	Été
Phlox Phlox	15-60 cm	Nombreuses fleurs en grappe	Blanc, rose, rouge, mauve	Soutenu	7	Vivace	Été
Polygonatum Sceau-de-Salomon	30-60 cm	Petites fleurs en tube	Blanc-vert	Aucun	7	Vivace	Début d'été
Primula (principales variétés) Primevère, coucou	15-20 cm	Fleurs solitaires ou groupées, à corolle aplatie	Rouge, jaune, orange, blanc, rose, vert, citron	Beaucoup de variétés très odorantes	7	Vivace	Printemps
Pulmonaria Pulmonaire	15-30 cm	Petites fleurs, feuilles duveteuses	Blanc, rouge, violacé	Aucun	7	Vivace	Hiver-début du printemps
Ranunculus Renoncule	15-30 cm	Fleurs à nombreux pétales	Rouge, orange, rose, jaune, blanc, crème, saumon, marron	Aucun	10-14	Vivace	Été
Rhododendron Rhododendron	15-90 cm	Fleurs en trompette sur tige ligneuse	Mauve, rose, rouge, saumon, blanc	Quelques variétés odorantes	5-10	Arbuste persistant	Fin d'hiver - début d'été
Rosa (nombreuses variétés) Rose	15-60 cm	Fleurs simples, semi-doubles ou doubles	Rouge, blanc, rose, jaune, crème, abricot	Fort chez de nombreuses variétés	7	Arbuste grimpant	Été, automne
Rosmarinus officinalis Romarin	15-30 cm	Toutes petites fleurs campanulées	Mauve, bleu	Fort quand la plante est écrasée	5-10	Arbuste persistant	Printemps-été
Rudbeckia	30-60 cm	Fleurs en capitule	Jaune, orange	Aucun	7	Annuel ou vivace	Fin d'été
Ruta graveolens Rue	15-30 cm	Fleurs en corymbe terminal	Feuilles gris-vert	Prononcé quand la plante est écrasée	7	Sous-arbuste persistant	Été

PLANTE	*LONGUEUR DES TIGES COUPÉES*	*FORME ET TEXTURE*	*COULEURS*	*PARFUM*	*LONGÉVITÉ DES FLEURS (en jours)*	*TYPE*	*ÉPOQUE DE FLORAISON*
Salvia Sauge	15-60 cm	Fleurs en grappe terminale. Feuilles duveteuses	Rouge, pourpre, bleu	Feuillage odorant chez certaines variétés	7	Annuel ou vivace	Été
Saxifraga x *urbicum* Saxifrage	15-30 cm	Toutes petites fleurs vaporeuses sur tige dressée	Rose pâle	Aucun	7	Vivace	Printemps
Scabiosa Scabieuse	30-60 cm	Fleurs en capitule plat	Mauve, bleu, jaune pâle, blanc	Aucun	7	Vivace	Été
Scilla	15 cm	Grappes de fleurs étoilées	Bleu	Faible	7	A bulbe	Printemps
Sedum (principales variétés) Orpin	15-60 cm	Grappe de petites fleurs formant un cône aplati	Rose, mauve, rouge	Aucun	7	Vivace	Fin d'été-automne
Solidago Solidage	30-60 cm	Petites fleurs en grappe dense	Jaune, or, citron	Aucun	7-10	Vivace	Fin d'été
Spiraea Spirée	15-60 cm	Petites fleurs veloutées	Rose, rouge, blanc	Aucun	7	Arbuste	Été
Stachys lanata Épiaire	20 cm	Feuilles duveteuses et décoratives. Fleurs en grappe	Feuilles gris-vert. Fleurs roses ou pourpres	Aucun	7	Vivace	Été
Stephanotis floribunda Jasmin de Madagascar	15-30 cm	Fleurs tubuleuses en ombelle, sur le bois d'un an	Crème	Très fort	7-10	Plante grimpante, persistante en serre ou sous climat chaud	Printemps - automne
Syringa Lilas	30-60 cm	Nombreuses petites fleurs en panicule	Mauve, pourpre, rose, blanc	Très fort	7	Arbuste	Début d'été
Tropaeolum majus Capucine	15-20 cm	Fleurs en trompette sur tige succulente	Jaune, rouge-brun, rouge, orange, crème, bicolore	Légèrement épicé	7	Annuel	Été
Tulipa Tulipe	15-30 cm	Fleurs en coupe allongée et dressée, en général solitaires	Jaune, blanc, vert, rose, rouge, orange, abricot	Aucun	7-10	A bulbe	Printemps
Veronica Véronique	15-30 cm	Très petites fleurs le long de la tige	Mauve, bleu, blanc	Aucun	7	Vivace	Début d'été
Vinca Pervenche	15-30 cm	Fleurs aplaties, rondes ou étoilées, sur une tige molle	Bleu, mauve, blanc	Aucun	7	Arbuste traînant persistant	Début du printemps-été
Viola odorata Violette	15 cm	Fleurs à 5 pétales, sur une tige courte	Pourpre, mauve, blanc	Léger et sucré	7	Vivace	Printemps
Viola tricolor *Viola* x *wittrockiana* Pensée	15-20 cm	Fleurs à 5 larges pétales veloutés	Pourpre, blanc, mauve, bleu, orange, jaune	Aucun	7	Vivace	Hiver-printemps-été
Zantedeschia aethiopica Arum d'Éthiopie	30-60 cm	Fleurs cireuses en trompette, sur une tige épaisse	Blanc, jaune, vert	Aucun	7-10	Vivace	Été